Die Welt der
Rosamunde Pilcher

Herausgegeben von Siv Bublitz
Bildauswahl Lieva Reunes

rororo
Rowohlt

Veröffentlicht im Rowohlt Taschenbuch Verlag GmbH,
Reinbek bei Hamburg, November 1996

Umschlaggestaltung Barbara Hanke
(Umschlagfoto Robert Lebeck / Stern)
Layout Edith Lackmann
Gesetzt aus der Garamond (Linotronic 500)
Lithografie Grafische Werkstatt
Christian Kreher, Hoisdorf
Gesamtherstellung Clausen & Bosse, Leck
Printed in Germany
2500-ISBN 3 499 13979 0

Inhalt

SCHOTTLAND
Glasgow
Edinburgh
York
Liverpool
Manchester
Wales
Birmingham
Essex
CORNWALL
LONDON
Sussex

Sutherland an der Ostküste Schottlands

Die zweite Heimat

Die Vergangenheit ist ein fernes Land. – Dornoch, Sutherland. Ein Dorf, eine Ortschaft, eine Stadt? Mit rund tausend Einwohnern und doch im stolzen Besitz einer Kathedrale aus dem 13. Jahrhundert, die zwischen den grasüberwucherten Mauern des Kirchhofs und einem weitläufigen Platz aufragt.
Nach Süden hin dehnen sich Bischofspalast, Rathaus und Dekanatsgebäude aus. Im Norden verläuft die High Street mit kleinen Läden und schmalen Querstraßen, in deren Vorgärten es üppig blüht und grünt. Einst war die Kathedrale römisch-katholisch. Nach der Reformation fiel sie den Episkopalisten zu. Heute gehört sie der presbyterianischen Kirche und ist jeden Sonntag voll besetzt.
Das Dorf liegt am Meer. So hoch im Norden, daß die Küste vom Golfstrom gestreift wird und das Klima dem von Eastbourne entspricht. In den Gärten sprießen Rosen, und die Wellen, die sich an den Stränden brechen, sind glasklar. Der weiße, saubere Sand, den keine Plastikabfälle und kein ausgelaufenes Öl verschmutzen, ist nur von Muscheln übersät. An den Dünen, auf denen Gras wächst, ziehen sich Golfplätze entlang. Im Hinterland steigen Hügel an, die sich nach Westen hin fortsetzen. Wolkenschatten wandern langsam über ihre sanften Kuppen, und im August sind sie mit rotlila Heidekraut bedeckt. Die Luft ist rein und mild, und der Himmel sieht wie gemalt aus, wie ein Aquarell, auf dem zwischen den aufgetürmten Wolkenbänken noch das Blau der höheren Luftschichten durchschimmert.
Das erste Mal fuhr ich nur widerstrebend her. Ich hatte keine Lust, für die Sommerferien in den Norden Schottlands zu reisen, weil ich in dieser Zeit nach Cornwall wollte, in eine Gegend, in der ich meine Kindheit verbracht hatte und an der mein Herz noch immer hing. Aber ich hatte ein neugeborenes Baby, und für diesen Winzling wäre die Reise eine zu lange Tortur gewesen.

Cornwall: Bucht von St. Ives

Außerdem wollte mein Mann Golf spielen. Also trat die gesamte Hausgemeinschaft – wir Eltern, zwei Kinder, das Baby, eine Nanny und drei Hunde – den Weg nach Dornoch an.

Für die Reise brauchten wir acht Stunden (heute dauert sie nur noch drei), und es regnete. Es regnete zwei Wochen lang. Mein golfspielender Ehemann kehrte jeden Tag vor Nässe triefend, aber mit rosigen Wangen und vollkommen glücklich in unser Quartier zurück. Unterdessen hockte ich mit den Kindern, der Nanny und den Hunden bei eiskaltem Wind am Strand, wenn wir uns nicht auf Spaziergängen durchweichen ließen oder in die Berge fuhren, die wir vor lauter Nebel nicht sehen konnten, und unser Picknick im Auto verzehrten.

Nach zwei Wochen packte ich dankbar die Koffer und beschloß, nie wieder hierher zurückzukehren. Doch da mischte das Schicksal mit. Mein Sohn, der bei diesem ersten, katastrophalen Urlaub drei Jahre alt gewesen war, wuchs heran und heiratete ein Mädchen, das aus Brora stammte, aus einem Ort, der wenige Meilen nördlich von Dornoch liegt.

Ihre Eltern waren Schafzüchter, und die Trauung fand in der Kirche ihres Dorfes statt. Gefeiert wurde anschließend in einem großen Zelt im Garten des Bauernhofs. Aus diesem Anlaß wohnten wir wieder in Dornoch, im selben Hotel.

Schottland: Rosamunde Pilcher bei Dornoch in Sutherland

Das Wetter war schön, und ich konnte mich eigentlich zum erstenmal hier richtig umsehen, wobei mich das verblüffende Gefühl beschlich, Dornoch bereits gut zu kennen, bis ich merkte, daß es – beinahe wie ein Zwilling dem anderen – dem Dorf in Cornwall glich, in dem ich aufgewachsen war. So vieles war ähnlich. Die Golfplätze und der Strand; der Geruch von blühendem Liguster und wildem Thymian; die Wildblumen, die in verschwenderischer Fülle einen Blütenteppich über die Sanddünen breiteten; und das gemächliche Leben. Die Vergangenheit ist ein fernes Land. Mir war es indes so, als wanderte ich in der Zeit zurück, in jene Tage, bevor Touristen und Fast-food-Ketten in Cornwall eingefallen waren, bevor die Felder rund um das Haus meiner Mutter als Bauland verkauft wurden und schmucke Bungalows wie Pilze aus dem Boden schossen.

Die Jahre verstrichen. Hin und wieder kehrten wir nach Sutherland zurück, um die Eltern unserer Schwiegertochter zu besuchen, um zu fischen, spazierenzugehen und – für meinen Mann unerläßlich – um Golf zu spielen. Wir fanden ein kleineres, von einer Familie betriebenes Hotel, das oberhalb von Dornoch auf einem Hügel thronte und das wir mit unseren Freunden ganz in Beschlag nahmen. Dort fühlten wir uns wie Logiergäste auf einem altmodischen Landgut mit viel zuwenig Badezimmern, aber dafür reichlich leckerer Hausmannskost. Vor meinem Schlafzimmerfenster mit den ausgebleichten Chintzvorhängen stieg im Herbst der erste Rauch aus den Schornsteinen auf, und in der Luft hing der süßliche Geruch von verbranntem Torf. Bei Einbruch der Dunkelheit wurde die Kathedrale angestrahlt wie ein Bühnenbild, und ihre alten, verwitterten Mauern hoben sich golden gegen den saphirblauen Himmel ab.

Ich erforschte die kleine Stadt und lernte sie schließlich kennen. Die ganze Gegend atmete Geschichte, und dennoch war alles, was man brauchte, im Umkreis von ein paar hundert Metern zu erreichen: ein kleiner Supermarkt, ein Antiquitätenhändler, ein Geschäft, in dem Tweed und Schottenstoffe verkauft wurden, ein Fleischer, ein Bäcker, eine Buchhandlung und ein rühriger Leichenbestatter, der in seinem Schaufenster Urnen ausstellte und mit einem dezenten Schild darauf hinwies, daß er nebenbei auch noch ein Taxiunternehmen betrieb. Aber das beste war doch, daß man nie ins Auto zu steigen brauchte, sondern querfeldein über die Golfplätze an den leeren Strand gelangte und dort meilenweit über den mit Muscheln übersäten Sand schlendern konnte. Allmählich erkannten wir Gesichter wieder, schlossen neue Freundschaften und frischten alte auf. Wir wurden von den Einheimischen gastfreundlich aufgenommen, zum Tee oder auf einen Drink eingeladen und fuhren oft fünfzehn oder zwanzig Meilen nur um des Vergnügens willen, heiße Scones mit Himbeermarmelade zu essen oder uns einen Schluck reinsten schottischen Whisky in Gesellschaft der bezaubernden Leute zu genehmigen, die von jeher in Sutherland lebten. Ich begann dem Reiz von Dornoch zu erliegen. Eine Freundin hatte auf dem Gelände, das zum Bauernhof ihres Bruders gehörte, ein Ferienhaus. Bei einem Besuch ließ ich einen gewissen Neid durchblicken. Ich wollte hier auch etwas Eigenes haben, ein Haus besitzen, in diese dünnbesiedelte, friedliche Gegend entfliehen können; nicht mehr arbeiten, nicht mehr auf der Schreibmaschine tippen, mich nicht mehr im Kreis drehen wie ein toll gewordener Hund, der versucht, seinen eigenen Schwanz zu fangen…

Meine Freundin war praktisch veranlagt. «Ich halte meine Augen offen», versprach sie. «Ich höre mich um. Ich werde irgendwo etwas finden, das du kaufen kannst.»

Sie hielt Wort. Wieder zu Hause, flatterten mir Maklerangebote in den Briefkasten, in denen die Vorzüge geeigneter Anwesen gepriesen wurden. Eine Kate am oberen Zugang zu einer kleinen Schlucht. Zwei Zimmer, Küche, Bad. Herrliche Aussicht. Renovierungsbedürftig. Nichts für mich! Mir war nicht danach, jedesmal fünf Meilen zu fahren, wenn ich nur einen halben Liter Milch kaufen mußte. Ich hatte auch keine Lust, tagelang in einem kleinen, düsteren Wohnzimmer eingesperrt zu sein, auf den peitschenden Regen und die verhangenen Hügel hinauszustarren und unter quälender Klaustrophobie zu leiden. Dann wurde mir ein Häuschen in der Stadt angeboten. Direkt an der Hauptstraße, nach Norden gelegen, mit einem gepflasterten Hof anstelle eines Gartens. Aber das verschwommene Foto war nicht vorteilhaft, also wanderte es ebenfalls in den Papierkorb.

Nach einer Weile verließ mich der Mut. Vielleicht wollte ich letzten Endes doch kein Haus. Vielleicht scheute ich auch die Verantwortung für die eigenen vier Wände, die Angst, sie den Winter über allein zu lassen, den Alptraum strenger Fröste, geplatzter Wasserrohre und durch Überschwemmungen zugrunde gerichteter Fußböden. Wer sollte sich darum kümmern, wenn ich nicht da war? Und wie würde ich damit fertig werden, wenn ich nach Monaten wiederkam und Dohlen vorfand, die im Kamin nisteten, und die Mäuse Decken und Kissen zernagt hatten?

Ich wurde realistisch. Das alles waren nur Luftschlösser, und vielleicht sollten sie das auch besser bleiben. Aber dieser Entschluß stimmte mich traurig, weil ich mehr und mehr das Gefühl hatte, daß ich in Dornoch heimisch geworden war. Wie eine verkümmerte Pflanze mußte ich irgendwo Wurzeln schlagen, mit der Scholle verwachsen.

«Ich habe den Gedanken an ein Ferienhaus aufgegeben», erzählte ich meinem Mann. Er sah erleichtert aus und ging Golf spielen. Es war der letzte Tag unseres Herbsturlaubs, und er

wollte keine Minute Zeit verlieren. Unsere Freunde hatten nach und nach ihre Koffer gepackt und waren bereits abgereist. Wir waren die letzten, die aufbrachen. Während mein Mann am nächsten Tag die Rechnung bezahlte, machte ich mich mit dem Hund zu einem Abschiedsspaziergang auf. Durch den Garten des Hotels, die steile Gasse hinunter, bis zur High Street. Die Fassaden der terrassenförmig angelegten Häuser verbargen sich hinter späten Rosen, und in den schmalen Blumenbeeten längs der Bürgersteige wuchsen dicht an dicht Dahlien in den knallbunten Farben des russischen Balletts.

Das Laub an den Bäumen verfärbte sich gelb. Die ersten Blätter wurden bereits von den ausladenden Zweigen geweht und flatterten zu Boden. Ich lief um den großen Platz herum. Dabei kam ich an der Apotheke vorbei, an der Buchhandlung, an der Bank...

Vor der Bank blieb ich stehen, weil der Hund in einer Gasse verschwunden war, in der er irgendeinem aufregenden Geruch nachjagte. Es war ein ruhiger Tag. Die Herbstsonne tünchte die Kathedrale golden. Dohlen kreisten um den Turm, und eine einzelne Möwe kreischte auf dem Dach der Bank. Die Bank war mir vertraut, denn hier reichte ich gewöhnlich meine Schecks ein, doch jetzt nahm ich mir zum erstenmal die Zeit, sie genauer zu betrachten. Sie gefiel mir. Von der Straße ein wenig zurückgesetzt, mit einem gepflegten Rasen davor, erweckte das viktorianische Gebäude ohne protzige Verzierungen einen ehrbaren, soliden, gediegenen Eindruck.

Ein klarer Bau, nicht nur für die Abwicklung von Bankgeschäften bestimmt, sondern auch ein repräsentativer Wohnsitz für den Bankdirektor und seine Familie. Ich mochte Bankhäuser von jeher gern. Als Kind hatte ich mich immer gefreut, wenn ich zu Weihnachtsfeiern hingehen oder meine Mutter zu einem Nachmittagstee begleiten durfte. Selbst wenn sie mitten in einer Stadt liegen, sind sie innen stets ansprechend gestaltet, mit breiten Treppenhäusern und großen, wohlproportionierten Räumen.

Die Möwe kreischte noch immer. Ich schaute hinauf, um sie zu beobachten, und da entdeckte ich das Schild im Erkerfenster des ersten Stocks: WOHNUNG ZU VERKAUFEN.
Zwei Gedanken schossen mir augenblicklich durch den Kopf. Diese Wohnung würde ständig warm und trocken sein, weil Banken notorisch überheizt sind, und kein Einbrecher würde es je wagen, hier einzusteigen, weil er befürchten mußte, alle Alarmanlagen auszulösen. Der Hund kam zu mir zurück. Gemeinsam gingen wir die schmale Gasse hinauf, in der der Geldautomat lag. In der hohen Bruchsteinmauer war ein Gittertor eingelassen. Ich linste hindurch und sah den betonierten Hof, das eher provisorisch anmutende Vordach über dem Hintereingang und den weitläufigen, von Mauern umgebenen Garten, der sich in Terrassen einen Hang hinaufzog. Er war verwildert, und der Rasen war viel zu hoch und welk.
Mein Garten, sagte ich mir. Mein Eingang. Mein Haus.
Ich wollte es unbedingt haben. Mich packte die schreckliche Angst, daß es mir jemand wegschnappen könnte. Kaum zu Hause, rief ich als erstes die Hauptverwaltung der Bankgesellschaft in Edinburgh an und bat um Einzelheiten. Man sandte sie mir zu. Die Wohnung dehnte sich über zwei Stockwerke aus, war frisch tapeziert und mit neuen Teppichböden ausgelegt. Erst kurz zuvor war in allen Räumen eine Zentralheizung installiert worden. Fünf Schlafzimmer, ein riesiges Wohnzimmer und eine Einbauküche. Der Verkaufspreis war unglaublich niedrig. Ich traute meinem Glück kaum. Aus Angst vor einer Enttäuschung erklärte ich meinem Mann andauernd: «Die Sache muß einen Haken haben.»
«Was für einen?»
«Die Wohnung sieht bestimmt grauenhaft aus. Geblümte Tapeten und verrückt gemusterte Teppichböden.»
«Na und?»
«Wir müssen hin und sie anschauen.»
«Wann?»
«Jetzt.»

Rosamunde Pilcher vor dem «Bankhaus» in Dornoch

Wir fuhren hin. Zwei Tage nach dem Urlaub waren wir wieder in Dornoch – mit dem Schlüssel zum Bankhaus. Voll banger Erwartung öffneten wir die Eingangstür, stiegen die erste Treppe hinauf, und dann standen wir in einer großen Diele. Flache Stufen, Geländer aus geschnitztem Kiefernholz, zartgrüner Teppichboden, helle Wände, viel Weiß, und alles sauber und neu, gründlich geschrubbt und blitzblank. Im ersten Stock führten links und rechts großzügig geschwungene Rundbogen in die angrenzenden Räume, und überall flutete das Sonnenlicht durch hohe Schiebefenster herein. Die Decke im Wohnzimmer war mit schönen Stuckornamenten verziert, und das Erkerfenster ging auf die Straße hinaus, mit einem direkten Blick auf die Kathedrale.

«Da kommt eine Sitzbank hin», sagte ich. Im Stockwerk darüber fanden wir noch zwei luftige Mansardenzimmer vor, weiß gestrichen und sehr geräumig.

«Hier können die Enkelkinder schlafen.» Ich wußte sofort, wo die Betten stehen würden, und malte mir aus, wie die Kinder dort lagen, auf den Turm der Kathedrale hinausblickten, morgens die Möwen kreischen hörten und dem fernen Tosen der Brandung lauschten, wenn sich die Wellen bei Flut am Strand brachen.

Graham Pilcher (2. v. links) beim Golfspiel im Royal Dornoch Club

Also kauften wir die Wohnung, bauten noch ein Badezimmer ein, schafften Möbel an und zogen ein. Die für große Familien ausgelegten Räume nahmen uns auf, hießen uns willkommen und umfingen uns mit behaglicher Wärme. Wenn die Sonne schien, saßen wir am Erkerfenster und streckten den Kopf hinaus, sobald wir Freunde auf dem Bürgersteig erspähten, um mit ihnen zu plaudern oder sie schnell mal auf eine Tasse Kaffee oder einen Drink hereinzubitten. An kalten Abenden zündeten wir im Kamin ein Feuer aus trockenen Holzscheiten und Torfsoden an und machten es uns im Schein der Flammen gemütlich, ohne die Vorhänge zuzuziehen, weil die angestrahlten Mauern der Kathedrale zu atemberaubend waren, als daß wir auf ihren Anblick hätten verzichten wollen.
Wir füllten das Haus mit Gästen und mit unseren Enkelkindern, die sich mit Begeisterung draußen herumtrieben, im Zeitungsladen Süßigkeiten kauften, vom Bäcker frische Brötchen fürs Frühstück holten oder an den Strand hinunterradelten, ohne fürchten zu müssen, daß sie überfahren würden. Mein Mann wurde mühelos Mitglied des Golfclubs, dessen turniergerechte Anlagen er schätzte, und er freute sich darüber, daß er nun all seine von der gleichen Sucht befallenen Freunde einladen konnte. Ich arbeitete im Garten.

Und das nahm und nahm kein Ende. Es gab viel zu tun, vieles, worum ich mich kümmern mußte. Sogar das leidige Problem, eine Hilfe für den Haushalt zu finden, löste sich auf wundersame Weise von selbst. Beim Einkaufen im Supermarkt traf ich ein Mädchen mit einem lieben Gesicht.

«Mrs. Pilcher?» Eine typische Sutherland-Stimme, sanft und liebenswürdig, wie der Landstrich, der sie hervorbrachte. «Ich kenne Sie noch aus dem Hotel, in dem Sie früher gewohnt haben. Ich habe damals dort gearbeitet.»

Sie hieß Ailie. Inzwischen arbeitete sie nicht mehr im Hotel, sondern putzte abends die Bankräume.

«Würden Sie denn auch in meiner Wohnung über der Bank saubermachen?» fragte ich.

«Kein Problem», antwortete sie und kam am nächsten Tag mit einem Büschel Stiefmütterchen für mein Blumenbeet an.

Einen Gärtner zu finden dauerte etwas länger, aber es sprach sich herum, daß ich jemanden brauchte, der mir zur Hand ging. Schließlich tauchte ein junger Mann auf, der mir seine Dienste anbot. Er hatte eine wilde Mähne und trug ein T-Shirt mit der Aufschrift «Rettet die Regenwälder», die in riesigen Lettern auf seiner Brust prangte.

«Können Sie morgen anfangen?» fragte ich ihn. Er sagte nein, das könne er nicht, weil er gerade in die Schweiz fahren wolle. In die Schweiz? Er sah nicht eben wie ein leidenschaftlicher Skifahrer aus. Da erklärte er mir, er spiele in einer Folkgruppe die Leadgitarre und Mandoline, und sie gäben ab und zu Konzerte in der Schweiz und in Deutschland; es sei eine gute und sehr angesehene Band, die bei ihren Auftritten auch manchmal Preise gewinne. Ein musikalischer Gärtner! Ein wenig kleinlaut fragte ich ihn: «Würden Sie denn, wenn Sie aus der Schweiz zurückkommen, mein Gras mähen?» Er versprach es. Also gab ich ihm etwas Geld im voraus, und wir verabschiedeten uns.

Ich hatte das Gefühl, meine Sache gut gemacht zu haben, doch nach seiner Rückkehr aus der Schweiz unternahm er erst einmal eine Zechtour und war eine Woche lang betrunken. Als mein

Sohn mit seiner Familie für eine Weile in den Norden fuhr, war der Garten in einem übleren Zustand denn je, und die beiden Männer fauchten einander wutschnaubend am Telefon an, was nicht nur meine noch im Ansatz steckende Beziehung zum Gärtner, sondern auch mein Eigentum in Gefahr brachte. Letzten Endes rief ich ihn selbst an, und da war er reizend. «Ich möchte, daß Sie mein Gras mähen», verlangte ich nachdrücklich. «Ja, ja», antwortete er beschwichtigend. «Wird nächste Woche gemacht.» «Aber ich komme nächste Woche rauf, und ich möchte, daß das bis dahin geschehen ist. Mein Mann kann es nicht machen, weil er dauernd Golf spielt, und ich kann es nicht machen, weil ich ein schlimmes Bein habe.» (Was einigermaßen zutraf.) Er war zerknirscht. «Was ist denn mit Ihrem Bein?» erkundigte er sich.

Schließlich mähte er also doch das Gras. Er schnitt auch die Büsche zurück, entfernte den Efeu von den Hauswänden und schichtete das ganze Zeug zu einem riesigen Haufen auf, den er verbrannte. Dann spannte er in dem am höchsten gelegenen Teil des Gartens noch eine Wäscheleine für mich, die er um drei kräftige Pfosten schlang.

Der Anblick dieser vertrauten Konstruktion, die ich von meinem Küchenfenster aus sah, erfüllte mich mit Befriedigung, und an einem strahlenden Frühlingstag benutzte ich die Leine zum erstenmal. Ich lud die Wäsche aus der Waschmaschine in einen Weidenkorb und machte mich auf den Weg nach unten und hinaus in den Garten. Es war noch kalt, aber die ersten Narzissen steckten bereits ihre Köpfe durch das stoppelige Gras; es roch nach blühenden Johannisbeersträuchern und frisch umgegrabener Erde, und irgendwo hatte jemand ein Feuer angezündet, um seine Gartenabfälle zu verbrennen.

Mit meiner Last stapfte ich den Hang hinauf. Auf dem höchsten Punkt hielt ich für einen Moment inne und blickte zurück. Auf der Straße sah ich zwei Frauen, die ihre Einkäufe unterbrochen hatten, um ein bißchen zu schwatzen; mein Nachbar war ebenfalls im Garten und dünnte seine Kohlpflanzen aus. In der Ferne

hörte ich das Meer branden. Irgendwo bellte ein Hund, und ein Auto fuhr an. Die Uhr der Kathedrale schlug elf, und alle Möwen, die auf dem Turm gehockt hatten, flatterten erschreckt und stießen vom Dach herab oder segelten kreischend durch die klare Luft.
Ich nahm das erste Hemd aus dem Korb, schüttelte die Knitterfalten heraus und klammerte es am Saum an meine neue Wäscheleine. Dabei fiel mir meine Mutter ein, die mir die richtige Methode für diese häusliche Arbeit beigebracht hatte. Der Wind fuhr in das Hemd hinein und blähte es zu einem Ballon auf.
Die Vergangenheit ist ein fernes Land.
Doch irgendwie hatte ich den Weg dahin zurückgefunden.

Rosamunde Pilcher

Cornwall

◁ *Cottage bei St. Ives*

1928: Charles Scott mit seinen beiden Töchtern, der vierjährigen Rosamunde (links) und der fünf Jahre älteren Lalage (rechts). Rosamunde Pilchers Vater war als Offizier der Royal Navy zunächst in Hongkong, später in Burma stationiert. Die Offiziere waren gehalten, ihre Kinder nicht in den Kolonien aufwachsen zu lassen, und so reiste Mrs. Scott mit der kleinen Lalage zurück in die Heimat und mietete ein Cottage in Cornwall: Wenn sie ihre Kinder schon allein erziehen müsse, dann wenigstens in einer schönen Gegend.

Helen Scott, eine gebürtige Schottin, genoß die südliche, fast mediterrane Atmosphäre Cornwalls. Sie hatte viele Freunde unter den Malern und Schriftstellern, die sich dort angesiedelt hatten, und war Mitglied im «Arts Club», dem Kunstverein von St. Ives. Entsprechend wurden die Talente der Kinder gefördert: «Ständig bastelten wir irgend etwas, malten oder übten ein Theaterstück ein», erinnert sich Rosamunde Pilcher.

Rosamunde (2. v. links) mit ihrer Schwester Lalage (2. v. rechts) und zwei Freundinnen am Strand von St. Ives. «Für uns Kinder war Cornwall das Paradies», sagt Rosamunde Pilcher. «Es gab soviel zu tun: Picknicks, Strandparties, Ausflüge – wir hatten niemals Langeweile.»

1930: Rosamunde (rechts) und Lalage auf St. Michael's Mount, einer Insel vor der Küste Cornwalls.

In Lelant, einem kleinen Ort an der Nordküste Cornwalls, wurde Rosamunde Pilcher am 22. September 1924 geboren.

«The Elms», das Haus, in dem Rosamunde Pilcher ihre Kindheit verbrachte. In dem weitläufigen Garten konnte man herrlich spielen, träumen und die Welt um sich herum vergessen. Die ideale Umgebung für eine angehende Schriftstellerin: Mit fünfzehn schrieb Rosamunde Pilcher ihre erste Erzählung.

1939: Im Zweiten Weltkrieg wurde Commander Scott nach Wales versetzt. Rosamunde kann sich nur schwer von Cornwall trennen, doch die Schule in Llandaff gefällt ihr. «Wir lernten dort viel über Kunst und Musik, und man bekam eine richtige Gesangsausbildung.»

1940: Nach der Schule lernt Rosamunde Pilcher Stenographie und Schreibmaschine in einem eleganten Londoner «Secretarial College», das während der Kriegsjahre in die Grafschaft Gloucestershire verlegt worden war. Sie unternimmt ausgedehnte Radtouren durch die romantische südenglische Landschaft. Erinnerungen an diese Zeit finden sich in ihrem Roman *Die Muschelsucher*.

Woburn Abbey in Bedfordshire, wo während des Krieges die strategisch wichtigen Abteilungen des Außenministeriums untergebracht waren. Hier arbeitete Rosamunde Pilcher nach ihrer Ausbildung, allerdings nur wenige Monate: «Ich langweilte mich zu Tode, die Arbeit war staubtrocken, und alles mußte immer schrecklich geheimgehalten werden. Eines Tages hielt ich es nicht mehr aus. Ich nahm Urlaub, fuhr nach Portsmouth und meldete mich zur Marine.»

Drei Damen vom Women's Royal Naval Service, wie das Frauenkorps der britischen Marine genannt wurde, dem Rosamunde Pilcher angehörte. Nach einigen Monaten Ausbildung in Portsmouth wurde sie nach Ceylon abkommandiert. Von dort schickte sie eine Kurzgeschichte an die Londoner Zeitschrift *Woman & Home* und bekam fünfzehn Guineen für ihre erste Veröffentlichung im Sommer 1945.

Die Rekrutinnen des Women's Royal Naval Service wurden zwar vornehmlich für Schreibtisch- und Versorgungsdienste eingeteilt, erhielten jedoch eine vollständige militärische Ausbildung, zu der selbstverständlich auch Schießübungen gehörten.

St. Ives im Jahre 1946: Viele junge Leute kehrten aus dem Krieg zurück. Man feierte ein Wiedersehen mit Freunden, die man während der langen Kriegsjahre aus den Augen verloren hatte. Auf einem der zahlreichen Feste begegnete Rosamunde Scott dem jungen schottischen Offizier Graham Pilcher, der sich bei Verwandten in Cornwall von einer schweren Kriegsverletzung erholte.

Auch für Graham Pilcher war Cornwall ein Stück Kindheit: Seine Großmutter Florence (2. v. rechts) war einst ihrer großen Liebe, dem Maler Thomas Millie Dow (links), aus der schottischen Heimat nach St. Ives gefolgt. Die beiden waren sich als junge Leute in Dundee begegnet, doch Florence' Eltern verboten ihr die Heirat mit dem mittellosen Maler.

Damit sie sich die unstandesgemäße Romanze aus dem Kopf schlug, wurde Florence 1882 nach Indien geschickt. Dem Wunsch ihrer Eltern folgend, heiratete sie dort den Kolonialoffizier Robert Pilcher (rechts). Nach der Geburt der Kinder Elsie und Hope starb Robert Pilcher. Florence kehrte nach Schottland zurück und heiratete Thomas Millie Dow, der siebzehn Jahre lang auf sie gewartet hatte. Die beiden lebten einige Zeit in Italien und zogen dann nach Cornwall, wo um die Jahrhundertwende eine bedeutende Künstlerkolonie entstand.

Im Dezember 1946 heirateten Rosamunde und Graham Pilcher in Lelant. Kurz darauf zogen sie nach Dundee, wo Graham Pilcher eine Jute-Fabrik leitete. Doch die Brücke zwischen Schottland und Cornwall wurde auch in der nächsten Generation nicht abgebrochen: Rosamunde Pilchers jüngster Sohn Mark lebt heute in einem Dorf bei St. Ives.

Talland House in St. Ives, wo Graham Pilchers Großmutter mit Thomas Millie Dow lebte. Vor ihnen wohnte dort die Familie von Virginia Woolf. Im Vordergrund Pietro, der Hausdiener, den die Dows aus Italien mitgebracht hatten.

Der Hafen von Mevagissey an der Südküste

Sie stieß auf Steinstufen und unvermutete Gassen und folgte ihnen, bis sie plötzlich um eine Ecke bog und direkt am Hafen war. Im flirrenden Sonnenschein sah sie die buntgestrichenen Boote, das pfauengrüne Wasser. Möwen kreisten kreischend über ihr, ihre großen Schwingen hoben sich wie weiße Segel vor dem Blau ab, und überall regte sich Leben. SOMMER AM MEER

Vorhergehende Doppelseite:
Godrevy Point an der Nordküste Cornwalls

«The Sloop Inn», St. Ives – Vorbild für das «Sliding Tackle» aus Rosamunde Pilchers Romanen

Über die Jahre hatte sich das Sliding Tackle stur behauptet. Im alten, unmodernen Teil von Porthkerris direkt am Hafen gelegen, ohne jeglichen Platz für schicke Terrassen oder ein Gartenrestaurant, war es dem Pub gelungen, den Schwall der Sommertouristen fernzuhalten, die den Rest der Stadt überschwemmten.

LICHTERSPIELE

Es war ein Haus, das in der Vergangenheit zu schlummern schien. Hier, das spürte man, war das Leben immer sorglos und unbeschwert gewesen, langsam und gemächlich, und das Haus hatte wie eine sehr alte und launische Uhr oder ein sehr alter und launischer Mensch jedes Gefühl für Zeit verloren. Diese Atmosphäre übte einen Einfluß aus, dem man sich offenbar nicht entziehen konnte. DIE MUSCHELSUCHER

Cottage bei Cadewith

Die Ausrüstung für Krocket, Lieblingssport im sommerlichen England, darf in keinem Cottage fehlen

Langsam begingen sie das Haus, Zimmer um Zimmer, und Toms Interesse wandelte sich in staunende Bewunderung, denn Kitty hatte es irgendwie geschafft, in einem heruntergekommenen Cottage so etwas wie ein Haus zu sehen, das einzigartig war. Jedes Zimmer hatte seine besondere Note, etwas, worauf man nicht gefaßt war.

BLUMEN IM REGEN

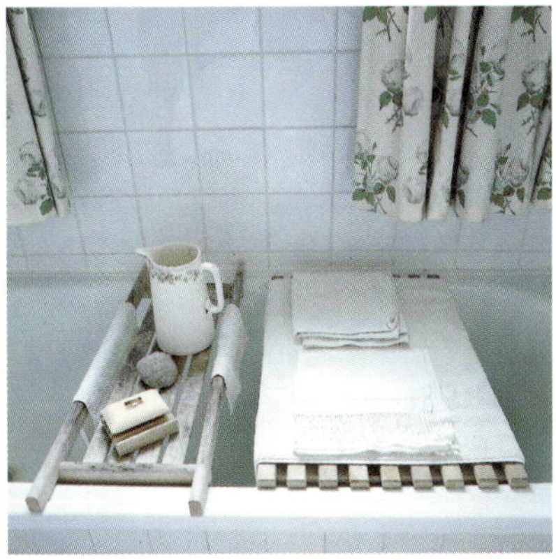

Liebevolle Details und schöne Materialien machen den Charme der sparsam möblierten Landhäuser aus

Folgende Doppelseite: Cottage-Küche mit dem typischen Herd, dem «AGA»

Beim traditionellen englischen Nachmittagstee werden Gebäck und Sandwiches gereicht. Zum «cream tea» gehören Scones (rechts hinten), Sahne und Marmelade

Sie nahm ein Tischtuch und deckte zum Tee, mit Gebäck, Zwieback, silberner Zuckerdose und Milchkanne. Sogar bei einer Tasse Tee in der Küche hätte sie unter keinen Umständen auf ihren gewohnten Stil verzichtet. STÜRMISCHE BEGEGNUNG

TEEGEBÄCK AUS ROSAMUNDE PILCHERS REZEPTBUCH

SCONES

Die leichtesten Scones backt man mit einfachem Mehl und einem schnell wirkenden Treibmittel (Natron und Weinstein).

Für 9 bis 12 Scones:
225 g Mehl
½ gestr. Teelöffel Salz
1 gestr. Teelöffel Natron
2 gestr. Teelöffel Weinstein
40 g Butter
40 g Zucker
1 geschlagenes Ei (mit Milch bis auf etwa 140 ml auffüllen; oder vier Eßlöffel Milch)

Mehl, Salz, Natron und Weinstein in eine große Schüssel sieben. Butterflocken und Zucker untermischen. Ei und Milch verquirlen und in die Mitte der Schüssel geben. Mit Messer, Gabel oder den Knethaken des Mixers schnell zu einem Teig verarbeiten. Der Teig sollte weich sein, aber nicht kleben. Auf eine mit Mehl bestäubte Arbeitsfläche geben und ausrollen (mindestens 1–2 cm dick – der Teig für Scones darf nicht zu dünn ausgerollt werden!). Mit dem Messer in Quadrate schneiden oder Quadrate von mindestens 5 cm Seitenlänge ausstechen. Der Teig reicht für etwa 9–12 Scones (je nach Dikke), wenn alle Teigreste verarbeitet werden. Die Scones auf ein mit Mehl bestäubtes Backblech setzen (nicht zu dicht) und ebenfalls mit Mehl bestäuben. Bei ca. 220° Oberhitze (Gas Stufe 4) ca. 10 Minuten lang backen, bis die Scones aufgegangen sind und braun werden. Die Seiten sollten etwas nachgeben, wenn man darauf drückt.

TREACLE TART (SIRUPTORTE)

Teig:
225 g Mehl
170 g Butter
1 Eigelb
½ Teelöffel Zucker
1 Teelöffel Zitronensaft
Füllung:
450 g heller Sirup
280 ml Paniermehl oder geriebenes Brot
3 Teelöffel Zitronensaft

Mehl und Zucker in eine Schüssel sieben, die Butter dazugeben und den Teig mit dem geschlagenen Eigelb binden. Zitronensaft und etwa drei Eßlöffel eisgekühltes Wasser hinzufügen. Teig etwa 0,5 cm dick ausrollen, in eine Flan-Form (30 cm Durchmesser) geben und einen Rand formen. Den Sirup in einem kleinen Topf oder im Wasserbad erhitzen, bis er flüssig ist. Das Paniermehl einrühren, bis sich eine sämige Konsistenz ergibt. Mit Zitronensaft abschmecken. Die Füllung auf den Teig in die Form geben und bei 180° (Gas Stufe 2) im Backofen backen. Mit Schlagsahne servieren. (Für 10–12 Personen)

MARK PILCHERS KARAMELKUCHEN

225 g Backschokolade
60 g Butter
2 Teelöffel Sirup
1 kl. Dose Kondensmilch

Die Zutaten erwärmen, schmelzen und vermischen. 230 g Kuchenkrümel einrühren. Die Mischung auf ein gefettetes Biskuitblech streichen. Abkühlen und fest werden lassen.

Es war ein verwunschenes, schwer zu findendes Haus in einem entlegenen und unzugänglichen Winkel einer Gegend, die sich ihr Aussehen – und ihre Bräuche – seit Jahrhunderten unverändert bewahrt hatte. Durch dichte Gehölze vor Blicken geschützt, war es von der Straße aus nicht zu sehen, zumal die ausgefahrene Zufahrt auf beiden Seiten mit hohen Hortensienbüschen bewachsen war. An den schattigen Stellen gab es Moos und Farne. Der Garten, der zur Hälfte naturbelassen und zur anderen Hälfte angelegt war, führte in einer Reihe von Rasenflächen zu einem gewundenen Flüßchen mit baumbestandenen Ufern hinunter, das dem Wechsel der Gezeiten unterworfen war.

DIE MUSCHELSUCHER

Landsitz bei Fowey an der Südküste Cornwalls

Fünfhundert Jahre nach den Rosenkriegen blüht Rot («James Mason») friedlich neben Weiß («Alba Celestial»)

Im Windschatten hoher Mauern entdeckt man Cornwalls verwunschene Gärten

Vorhergehende Doppelseite: Hochsommer in einem Garten bei Germoe

Die Rose, deren Duft eine ganze Welt erfüllt: «Rosa Mundi»

In Cornwalls Gärten gibt es keine Rabatten – alles ist prächtiger Wildwuchs

Rosamunde Pilcher und das Meer –
eine Leidenschaft, die seit ihrer Kindheit andauert

An dieser Stelle mündete die Küste in einer zerklüfteten Landspitze aus großen Granitbrocken. Dazwischen waren ebene, grüne Grasnarben, mit lila Heidekraut gefleckt, und als sie den Windungen des Pfades zwischen den Gesteinsbrocken folgten, tat sich nach und nach weit unten eine kleine, geschützte Bucht auf.

SOMMER AM MEER

Land's End im äußersten Westen Cornwalls

Eliot sagte, wenn ich in Cornwall bliebe, würde er ein Boot mieten und mir Segeln beibringen, wir würden von Porthkerris aus hinausfahren und Makrelen fischen, und er würde mir im Sommer all die kleinen Buchten und verschwiegenen Plätze zeigen, die die Touristen nie fänden. STÜRMISCHE BEGEGNUNG

Segelboote im Nebel vor St. Michael's Mount

Folgende Doppelseite: die Felsen von Land's End

Norman Garstin, «The Rain it Raineth Every Day» (1889)

Während sie das Kind erwartete, reisten sie zum erstenmal nach Cornwall. Sie landeten in Porthkerris, das bereits von Malern aus allen Teilen Großbritanniens entdeckt worden war und wo viele Kollegen von Lawrence sich niedergelassen hatten. Als erstes mieteten sie den Netzeschuppen, der sein Atelier werden sollte, und dort hausten sie zwei Wintermonate lang unter primitiven Bedingungen, aber uneingeschränkt glücklich. Dann wurde Carn Cottage zum Verkauf ausgeschrieben, und Lawrence, der gerade einen guten Auftrag bekommen hatte, machte ein Angebot und bekam es. Penelope wurde in Carn Cottage geboren, und sie verbrachten von nun an jeden Sommer dort.

DIE MUSCHELSUCHER

Laura Knight, «At the Edge of the Cliff» (ca. 1915)

L

«Laura Knight. Es ist ein besonders schönes Bild.»
«Und sehr ungewöhnlich. Ich assoziiere sie immer mit Zirkussen.»
«Sie hat es in Porthcurno gemalt.»

DIE MUSCHELSUCHER

Norman Garstin, «View of Mounts Bay from Newlyn Harbour» (1893)

Oben: S. John Lamorna Birch, «The Serpentine Quarry Near Mullion, Cornwall» (ca. 1920)

Unten: Louis Grier, «Seascape» (ca. 1910)

«Na ja, da kam er für immer hierher. Und baute das Atelier. Damals hat er am besten gemalt. Wunderschöne Sachen, großartige Bilder vom Meer, sie wirkten so kalt und hell, daß man den Wind riechen und das Salz auf den Lippen spüren konnte.»

STÜRMISCHE BEGEGNUNG

Thomas Millie Dow,
«Tulips» (ca. 1910)

S. John Lamorna Birch,
«The Cottage Garden»
(Ausschnitt, 1897)

U

«Um den Kern einer wirklich guten Sammlung zu bilden, stiftete jeder von uns eines seiner Lieblingswerke. Sehen Sie.» Er lehnte sich zurück und zeigte mit dem Spazierstock. «Lamorna Birch. Munnings. Montague Dawson. Thomas Millie Dow. Russell Flint…»

DIE MUSCHELSUCHER

Peter Ward, «St. Ives Elements No. 8» (1984)

«Denn sie werden eines Tages kommen. Wie wir gekommen sind. Junge Männer mit neuen Visionen und einem weitreichenden Blick und enorm viel Talent. Sie werden kommen, aber nicht, um die Bucht und das Meer und die Boote und die Anleger zu malen, sondern um die Wärme der Sonne und die Farbe des Windes zu malen. Ein völlig neues Konzept. Enorm stimulierend. Ungeheuer vital. Wunderbar.» DIE MUSCHELSUCHER

Sie blickte aufs Meer und überlegte, wie sie es, wenn sie Papa wäre, wohl am liebsten malen würde. Es war blau, aber das Blau setzte sich aus tausend verschiedenen Tönen zusammen. Über den sandigen Stellen schimmerte das seichte und durchscheinende Wasser jadegrün und hatte lange Schatten von Aquamarin. Über Felsen und Tang nahm es ein tiefes Indigo an, und weit draußen, wo ein kleines Fischerboot über die Dünung glitt, war es von einem satten Preußischblau. Es ging nur ein ganz leichter Wind, aber das Meer lebte und atmete, schwoll aus den Tiefen heran und bildete lange Wellen. Wenn sie sich zu gekrümmten Kämmen hochwölbten, schien das Sonnenlicht durch sie hindurch und verwandelte sie in lebende Skulpturen aus grünem Glas, und zuletzt war alles in Licht getaucht, in jene einzigartige gleißende Helle, die die Maler nach Cornwall gelockt und die französischen Impressionisten zu ihren herrlichsten Bildern inspiriert hatte.

DIE MUSCHELSUCHER

Blick von Hayle Towans auf den Godrevy-Leuchtturm

Godrevy Point, Nordküste

Boote in der Bucht von Porthmeor

Folgende Doppelseite: Die Bucht von Bude an der Nordküste Cornwalls

Hinter Mr. Williams umrahmte ein großes Panoramafenster die ganze kunterbunte, reizvolle Altstadt von Porthkerris wie ein zauberhaftes Gemälde. Hausdächer – verblaßter Schiefer und weißgetünchte Kamine – schienen sich in planlosem Durcheinander den Hügel hinabzuziehen. Jenseits der Dächer glitzerte weit unten der Hafen im Sonnenschein. Die Luft war erfüllt vom Kreischen der Möwen, der Himmel überzogen von ihren weißen Schwingen, und als Virginia dort stand, erklang von dem normannischen Kirchturm ein einfaches Glockenspiel.

SOMMER AM MEER

St. Ives, in Rosamunde Pilchers Romanen «Porthkerris» genannt

Folgende Doppelseite: Blick auf den Hafen von St. Ives

Leuchtturm von Pendeen in West-Cornwall

Eine der typischen verwinkelten Gassen von St. Ives

Folgende Doppelseite: Hafen von Looe an der Kanalküste

FY405
FY46

SAPPHIRE
FY298

Die kleine Küstenbahn verkehrt zwischen Lelant und St. Ives

Der kleinere Zug wartete auf dem einen Streckengleis, das um die Küste herum nach Porthkerris führte. Es war unmöglich, nicht aufgeregt zu sein, als vertraute Wahrzeichen in der Landschaft auftauchten, erkannt wurden und vorüberflogen. Vor Porthkerris hielt der Zug nur an zwei kleinen Stationen, und dann kam endlich das tiefe Tal, das im Frühling mit Schlüsselblumen übersät war, dann der Tunnel, und dann lag die See unter ihnen. Es war Ebbe, der nasse Sand glänzte wie Satin.

LICHTERSPIELE

Die Bahnstation von Lelant liegt direkt unterhalb von Rosamunde Pilchers Elternhaus

Sie hatte Carn Cottage jahrelang behalten und sich geweigert, es zu verkaufen, sich nicht eingestehen wollen, daß sie niemals zurückkehren würde. Ein Makler hatte es an verschiedene Leute vermietet, und sie hatte sich die ganze Zeit eingeredet, sie würde eines Tages, irgendwann, dorthin zurückkehren. Sie würde die Kinder mitnehmen und ihnen das schlichte weiße Haus auf dem Hügel zeigen, das Haus mit dem verzauberten, von einer hohen Hecke umgebenen Garten, den Ausblick auf die Bucht und den Leuchtturm.

DIE MUSCHELSUCHER

Lizard Peninsula Cottage
bei Church Cove

Da es in Cornwall selten richtig kalt wird, dient der Kamin vor allem dekorativen Zwecken

In vielen Cottages hat die Küche einen direkten Zugang zum Kräuter- und Obstgarten

Ich fand immer schon, daß man einen Menschen erst kennt, wenn man sein Zuhause gesehen hat, seine Bücher, seine Bilder, die Art, wie er seine Möbel aufstellt. ENDE EINES SOMMERS

Folgende Doppelseite: Cape Cornwall an der Westküste

Harrods

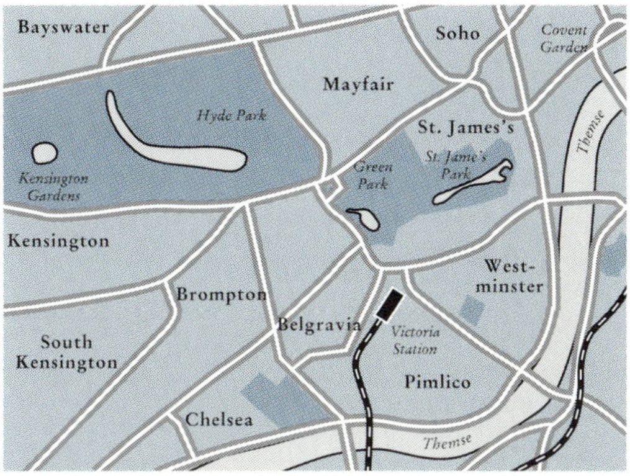

London

◁ *Londons traditionsreichstes Kaufhaus Harrods in Knightsbridge*

«Erzähl mir von dem Haus in London.»
«Ach Henry, kriegst du von all den alten Geschichten nie genug?»
«Ich hör es so gern, wenn du von dem Haus erzählst.»
«Na schön. Es stand in Kensington, ein Reihenhaus. Unheimlich hoch und ganz schmal. Was für eine Arbeit man hatte! Die Küche lag im Kellergeschoß und das Kinderzimmer unterm Dach. Mir ist es so vorgekommen, als ob ich immerzu Treppen steigen müßte.» SEPTEMBER

Luxus auf schmalem Raum:
«Reihenhaus» in South Kensington

19
20

Oben angekommen, überquerte Lady Keile den schmalen Flur und trat ins Wohnzimmer. Virginia folgte ihr, und trotz ihrer inneren Unruhe war sie wie immer überwältigt von der zeitlosen Schönheit des Raumes, den herrlichen Proportionen der hohen Fenster, die zur Straße hinausgingen; sie waren heute offen, die zarten Gardinen bewegten sich leicht. Hohe Spiegel reflektierten das Licht und auf Hochglanz polierte antike Möbel, große Vitrinen mit blau-weißen Meißener Tellern und die Blumen, mit denen Lady Keile sich stets umgab. SOMMER AM MEER

Salon eines Stadthauses in Badford Gardens (Kensington)

Er trat ans Fenster und sah in den Vorgarten hinaus. Ein kleiner gepflasterter Vorplatz, ein Hochbeet mit Goldlack. Rosen rankten an der Ziegelmauer empor. Ein schmiedeeiserner Tisch mit vier dazu passenden Stühlen ließ an Mahlzeiten im Freien denken, an festliche sommerliche Gesellschaften und kühlen Wein.

SEPTEMBER

Auch in der Großstadt gibt es verträumte Gärten, wie hier im Künstlerviertel Chelsea

Sein gesellschaftliches Leben war jedoch eine andere Sache, denn hier war er auf seine eigenen Fähigkeiten angewiesen. Er hatte zum Glück mehr als genug davon. Er war groß, attraktiv, sportlich und hatte sich schon als Junge eine aufrichtige und offene Art zugelegt, die andere schnell für ihn einnahm. Er verstand es, älteren Damen Komplimente zu machen und ältere Herren mit unaufdringlichem Respekt zu behandeln, und mit der Geduld und List eines gut ausgebildeten Spions verschaffte er sich ohne große Schwierigkeiten Zugang zur besseren Londoner Gesellschaft. Er stand seit Jahren auf der Liste der akzeptablen jungen Männer für Debütantinnenbälle, und während der Saison fand er nicht viel Schlaf, weil er jeden zweiten Tag im Morgengrauen nach Hause kam und gerade noch Zeit hatte, seinen Frack und sein gestärktes Hemd auszuziehen, zu duschen und hastig zu frühstücken, ehe er ins Büro mußte. Am Wochenende war er fast immer in Henley oder Cowes oder Ascot. Er wurde zum Skilaufen nach Davos und zum Angeln nach Sutherland eingeladen, und dann und wann war sein sympathisches Gesicht sogar in Hochglanzdruck in *Harper's & Queen* zu bewundern: «Mr. Noel Keeling unterhält die Gastgeberin mit einem Bonmot.»

DIE MUSCHELSUCHER

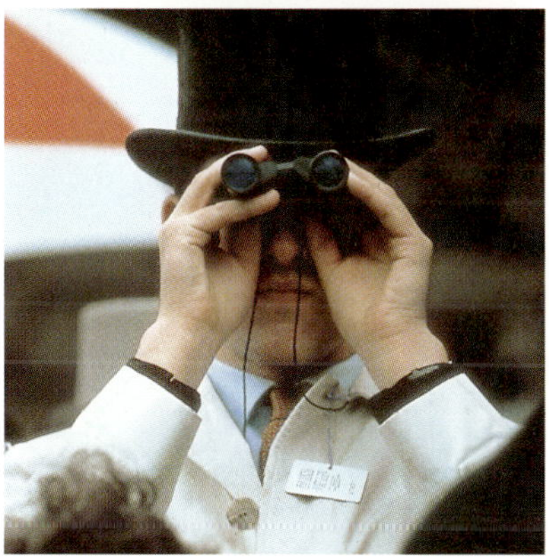

Das erste große gesellschaftliche Ereignis der Londoner «season» ist die Henley-Regatta im Frühsommer. Seit 1839 treten Englands beste Ruderer alljährlich in dem kleinen Ort an der Themse gegeneinander an (oben und unten rechts). Beim traditionellen Derby in Ascot bei Schloß Windsor schaut der Flaneur weniger nach den Pferden als nach den Damen, die durch phantasievolle Hüte auf sich aufmerksam machen (unten links)

Folgende Doppelseite: Oase der Ruhe im Herzen der Millionenstadt: der Hyde Park an einem Sommerabend

Er setzte die Drehtür für sie in Bewegung, und Selina fand sich in der warmen, luxuriösen Hotelhalle wieder. Es duftete nach teuren Zigarren, köstlichem Essen, nach Blumen und Parfum. Elegant gekleidete Menschen saßen in kleinen Gruppen zusammen. Selina fühlte sich windzerzaust und leicht derangiert.

SCHLAFENDER TIGER

Das Schönste an dem großen alten Haus in Milton Gardens waren die Sommerabende, die man dort verbringen konnte. Nach einem warmen, stickigen Junitag und den Abgasen im Stau auf der Kensington High Street war es ein wunderbares Gefühl, zur Haustür hereinzukommen und den Rest der Welt hinter sich zu lassen. Im Haus war es immer kühl. Es roch nach Blumen und Bohnerwachs, und im Juni waren die Kastanien dicht belaubt und voller rot-weißer Blüten, so daß die Terrassen der umliegenden Häuser dahinter verborgen und alle Verkehrsgeräusche gedämpft wurden; nur manchmal durchbrach ein Flugzeug die abendliche Stille. LICHTERSPIELE

Elegante Stadthäuser mit gepflegten Vorgärten: in South Kensington wohnen viele alteingesessene Londoner Familien

Schottland

◁ *Landhaus bei Dumfries im Süden Schottlands*

Graham und Rosamunde Pilcher wohnten zunächst in Grahams Elternhaus in Dundee. «Eine riesige viktorianische Villa mit mindestens vierzehn Zimmern und ohne Heizung», erinnerte sie sich. Hier kamen ihre vier Kinder zur Welt (von links nach rechts: Mark, Robin, Fiona und Philippa), und hier begann Rosamunde Pilcher wieder zu schreiben.

Auf dem Dachboden fand Rosamunde Pilcher eine alte Hermes-Reiseschreibmaschine, die ihr Schwiegervater einst angeschafft, aber nie benutzt hatte. Sie schrieb, wann immer sich Zeit dafür fand – zunächst Kurzgeschichten, die in verschiedenen Zeitschriften veröffentlicht wurden; später dann auch Romane. Eine neue Schreibmaschine hat sie sich nie gekauft, auch ihr nächstes Buch entsteht am bewährten Hermes-Modell (siehe unten).

Im Jahre 1955 bauten die Pilchers das Haus in Invergowrie bei Dundee, in dem sie bis heute wohnen. Es hat einen großen Garten mit viel Platz für Kinder, Enkelkinder, Hunde, Katzen und sämtliche weiteren Mitglieder der Familie, die sich hier regelmäßig zusammenfinden.

Rosamunde und Graham Pilcher heute: «Eine Ehe ist keine Liebelei», heißt es in *Wilder Thymian*. «Eine Ehe ist wie ein Job. Ein langer schwerer Job, an dem beide Partner arbeiten müssen, und zwar härter, als sie jemals zuvor in ihrem Leben an irgend etwas gearbeitet haben.»

Vorhergehende Doppelseite:
Kilchurn Castle am Loch Awe (Argyllshire)

Der Tweed nahe seiner
Quelle bei Tweedsmuir

Wir mußten die Hauptstraße überqueren und einem Weg folgen, der sich zwischen Gras und Heidekraut hinaufschlängelte und zweimal über den Wildbach führte. Der Bach hatte sich seinen Weg durch die Höhen und Tiefen der Berge ins Loch gebahnt, und das Glen, durch das er floß, sowie die Berge auf beiden Seiten gehörten alle zum Besitz meiner Großmutter.

ENDE EINES SOMMERS

Folgende Doppelseite:
Loch Shiel bei Glenfinnan (Highlands)

Das Dorf war winzig klein. In den zehn Jahren seines Lebens hatte Oliver noch keine so klitzekleine Ortschaft gesehen. Sechs graue Häuser aus Granit, eine Wirtschaft, eine alte Kirche, ein Pfarrhaus und ein kleiner Laden. Vor diesem parkte ein verbeulter Lieferwagen, irgendwo bellte ein Hund, doch davon abgesehen schien alles wie ausgestorben. DAS BLAUE ZIMMER

Crovie in der Provinz Grampian, an der Ostküste Schottlands

Aus grauem Stein und mit Blick nach Süden lag der langgestreckte, niedrige Bau mit seinen Giebeln und Türmen jenseits einer ausgedehnten, zum See hin abfallenden Rasenfläche. Er war zu groß, zugig und kaum zu beheizen, in schlechtem Zustand und ständig reparaturbedürftig, dennoch war das sein Zuhause und der einzige Ort, an dem Jock sich in seinem ganzen Leben jemals wirklich gern aufgehalten hatte.

WILDER THYMIAN

Landsitz am Ufer des Tweed in den Borders,
nahe der Grenze zu England

Schnitzereien und wertvolle Intarsienarbeiten sind typisch für alte schottische Möbel

Dafür bietet Benchoile mehr als genug Geborgenheit. Sie quillt förmlich aus allen Wänden. Ich schätze, das hat etwas mit den Menschen zu tun, die in diesem Haus gelebt haben, und mit der Art und Weise, wie sie jetzt hier leben. Als ob sich seit hundert Jahren nichts verändert hätte. WILDER THYMIAN

Das Mobiliar schottischer Herrenhäuser wird über Generationen zusammengetragen

Isobel führte ihre Besucherin in den Salon, nicht etwa, um sie zu beeindrucken, sondern weil der Raum im Sonnenlicht lag, während es zu dieser Tageszeit in der Bibliothek und der Küche meist düster war. Die Fenster standen offen, es war angenehm kühl, und ein großer Blumenstrauß, den Isobel am Vormittag gepflückt hatte, erfüllte den Raum mit seinem Duft.

SEPTEMBER

Salon eines Landsitzes bei Dornoch

Er stand auf, um das Feuer wieder in Gang zu bringen und für Roddy einen Lehnstuhl an den Kamin zu schieben. Roddy brachte die Getränke, reichte John sein Glas und sank dann mit einem Seufzer der Erleichterung in den Sessel. John blieb stehen. Die Wärme, die von den Flammen aufstieg, kroch seinen Rükken hinauf, und er merkte, daß er ganz steif und durchgefroren war.

WILDER THYMIAN

Der Tartan, das besondere Muster eines jeden schottischen Clans, ist nicht nur dem Kilt vorbehalten

Sie ging mit festen Schritten den plattenbelegten Korridor zur Küche entlang. Dort machte der große Ölherd, der niemals ausging, alles warm und gemütlich. Nancy dachte manchmal, besonders in dieser Zeit des Jahres, daß es eigentlich ein Jammer sei, daß sie nicht tagsüber in der Küche wohnten… und wahrscheinlich wäre jede andere Familie – nur nicht die ihre – der Versuchung erlegen und hätte den ganzen Winter dort verbracht. DIE MUSCHELSUCHER

Die «Auld Alliance», eine seit dem 12. Jahrhundert bestehende besondere Verbindung zwischen Schottland und Frankreich, hat auch die schottische Küche geprägt – behaupten zumindest die Schotten

Die Bibliothek des Landsitzes von Corriehill war ein angenehmer Raum, kleiner als die meisten der anderen Herrenhäuser. In ihr roch es angenehm nach Pfeifenrauch, Holzfeuer, alten Büchern und Hunden. SEPTEMBER

Die Werke der großen schottischen Schriftsteller stehen in jeder Privatbibliothek: Sir Walter Scott – übrigens ein Urahn von Rosamunde Pilcher –, Robert Burns, Robert Louis Stevenson und auch Rosamunde Pilchers Lieblingsdichter Louis Macneice

Blick in die erste Etage eines Landhauses bei Helmsdale

Eine Bodendiele knarrte. Irgendwo wurde eine Tür zugeschlagen. Croy. Ein altes Haus mit seinem eigenen Herzschlag. Ihr Zuhause.

SEPTEMBER

Außerhalb der Jagdsaison pflegt der Highland-Hund seine Kräfte zu schonen

Rosamunde und Graham Pilcher bei Dornoch

Landleben in der Grafschaft Sutherland: Rosamunde Pilcher bei einer Schafauktion

Folgende Doppelseite: Buachaille Etive Beag in Glen Coe (Highlands)

Die Flüsse Tweed, Spey, Tay und Dee gelten als ausgezeichnete Lachsfanggründe

Mit dem Angeln hatte es seine besondere Bewandtnis: wenn man angelte, konnte man an nichts anderes denken.

BLUMEN IM REGEN

Angler im Tweed

Sie stellte sich die beiden jungen Männer in jener Welt endloser Moore und zerklüfteter Berge, zwischen Atlantik und Nordsee, an tiefen und reißenden Flüssen vor. Sie würden zusammen angeln. Ja. Danus hatte einen guten Entschluß gefaßt. Angeln hatte angeblich eine ausgezeichnete therapeutische Wirkung.

DIE MUSCHELSUCHER

Schottland ist wie geschaffen für männliche Vergnügungen, und es gab immer etwas zu jagen, im Sommer Moorhühner, im Herbst und Winter Rebhühner und Fasane.

SOMMER AM MEER

Moorhuhnjagd in den Highlands

The gentleman's sport – die Moorhuhn- und Fasanenjagd erfordert viel Zeit und Geld. In einigen Jagdgebieten werden auch Falken gehegt

In vielen Familien gibt es ein «Hunting Diary», ein Tagebuch der Jagdsaison, das über viele Generationen hinweg geführt wird, die Beute eines jeden Tages aufzählt und die erfolgreichen Jäger nennt. Die Abbildung zeigt das Jagdbuch der Familie Pilcher mit Eintragungen aus dem Jahre 1898

Mrs Angus Steynton

At Home

For Katy

Friday, 16th September 1988

RSVP
Corriehill, Tullochard,
Relkirkshire

Dancing 10 P.M.

«Du weißt doch, was im September alles los ist.» Das wußte Isobel in der Tat. Die Jagdsaison, bei der aus dem Süden ganze Völkerscharen zur Pirsch auf das schottische Moorschneehuhn nordwärts zogen. In jedem großen Haus gab es Wochenend-Einladungen, man veranstaltete Bälle, Kricket-Wettspiele, es gab außer den altüberlieferten Hochlandspielen, bei denen urige Männer aus dem Hochland gewaltige Felsbrocken schleuderten und Baumstämme warfen, jede nur erdenkliche Art gesellschaftlicher Ereignisse, und alles gipfelte schließlich in einer erschöpfenden Woche von Jagdbällen. SEPTEMBER

Ballsaison in Schottland: Die Einladungen sind stilvoll, die Roben dem Anlaß entsprechend

Das Abendessen war vorüber. Zu sechst hatten sie um die kerzengeschmückte Tafel gesessen und das liebevoll zubereitete festliche Mahl genossen. Zwar hatte Isobel nicht gerade ein gemästetes Kalb geschlachtet, sich aber doch große Mühe gegeben, eine dem Anlaß entsprechende Mahlzeit auf den Tisch zu bringen. Kalte Kartoffel-Lauch-Suppe, Fasan, Crème brûlée, Stilton-Käse und den besten Wein, den Archie in seines Vaters stark geschrumpften Beständen hatte finden können.

SEPTEMBER

Festlich gedeckte Tafel für ein typisches «Dinner vor dem Ball»

REZEPTE AUS ROSAMUNDE PILCHERS KÜCHE

TROCKENER MARTINI

4 Teile Gordon's London Dry Gin mit 1 Teil trockenem Vermouth (sehr gute Qualität) und Eis verrühren; etwas Zitronenschale hinzufügen.
Je kälter, desto besser!

KARTOFFEL-LAUCH-SUPPE

200 g Porree
20 g Butter oder Margarine
400 g Kartoffeln
1 l Brühe
1 Bouquet garni
Salz, schwarzer Pfeffer (frisch gemahlen)
französisches Weißbrot
geriebener Käse

Ergibt etwa 1 l:
Den Porree putzen, waschen und in Ringe schneiden. Abtropfen lassen, mit der Butter in einen Topf geben und bei geschlossenem Deckel 5 Minuten kurz anbraten. Die Kartoffeln schälen, in Stücke schneiden. Kartoffeln, Brühe, das Bouquet garni und Gewürze zum Porree geben. Zum Kochen bringen, danach bei niedriger Temperatur und geschlossenem Deckel etwa eine Stunde köcheln lassen, bis die Kartoffeln sehr weich sind. Das Bouquet garni entfernen. Suppe mit dem Mixer pürieren oder durch ein Sieb passieren. Wieder in den Topf geben, eventuell mit etwas zusätzlicher Brühe verdünnen und abschmecken. In Teller füllen, Weißbrot und geriebenen Käse auf die Suppe geben und unter dem Grill überbacken. Mit gehackter Petersilie garnieren.

FASAN THEODORA

Benannt nach Theodora Fitzgibbon, die vor einigen Jahren die gute Idee hatte, Fasan mit Sellerie und durchwachsenem Speck zu kochen.

2 bratfertige Fasane
3 Eßlöffel Sojaöl
30 g Butter
1 große Zwiebel, fein gehackt
110 g durchwachsener Speck ohne Rinde, gewürfelt
1 Sellerieknolle, in dicke Streifen geschnitten
1 Eßlöffel Mehl
430 ml Fasanen- oder Hühnerbrühe
1 Bouquet garni
140 ml Sahne
1 Eigelb
Salz und Pfeffer

Den Backofen vorheizen (180°, Gas Stufe 2). Die Fasane in je vier Stücke zerteilen. Das Öl und die Butter in einem großen Bräter erhitzen. Die Fasanenstücke nacheinander braun braten, aus dem Topf nehmen, abtropfen lassen und zur Seite stellen. Die fein gewürfelte Zwiebel in den Topf geben und glasig dünsten. Den Speck und Sellerie hinzufügen, bei mittlerer Hitze kochen, bis der Speck goldbraun und der Sellerie weich ist. Das Mehl und danach die Brühe einrühren. Die Fasanenstücke und das Bouquet garni in den Topf geben, mit Salz und Pfeffer würzen und zum Kochen bringen. Dann bei geschlossenem Topfdeckel ca. 1 bis 1 ½ Stunden im Backofen schmoren, bis das Fleisch zart ist. Die Fasanenstücke auf vorgewärmter Platte anrichten. Die Sauce 3–5 Minuten lang kräftig aufkochen, etwas einkochen lassen. Die Sahne und das Eigelb vermischen. Sauce vom Feuer nehmen, Sahne und Eigelb unterrühren. Unter ständigem Rühren vorsichtig wieder erhitzen. Nicht kochen lassen, da sonst das Eigelb gerinnt. Abschmecken und nachwürzen. Die Sauce über den Fasan geben. Mit Nudeln oder Reis servieren.

CRÈME BRÛLÉE MIT HIMBEEREN

2 Eier
2 Eigelb
1 gestr. Eßlöffel Zucker
250 ml *double cream* (Sahne mit mindestens 40 % Fett i. Tr.)
250 ml Milch
(statt *double cream* und Milch können auch 500 ml Sahne verwendet werden)
Vanilleschoten
Streuzucker
250 g Himbeeren (frisch oder tiefgekühlt)

Eier, Eigelb und Zucker schaumig schlagen. Sahne, Milch und Vanilleschoten im Wasserbad erwärmen und die Eimischung unterrühren. Vorsichtig erhitzen, bis der Pudding andickt; dabei ständig umrühren, damit das Ei nicht gerinnt. In eine feuerfeste Form geben und 2–3 Stunden setzen lassen. Danach eine gleichmäßige Zuckerschicht über den Pudding streuen. Unter den Grill schieben, bis der Zucker karamelisiert. Vor dem Servieren vollständig abkühlen lassen. Mit Himbeeren servieren. Karamelschicht zum Auffüllen mit einem Löffel zerbrechen.

Die letzte Krümmung der Auffahrt, und jetzt lag das Haus in seinem ganzen Glanz vor ihnen, ragte ungeheuer eindrucksvoll und stolz vor dem dunklen Hintergrund des Himmels empor.
Virginia sagte: «Heute abend fühlt es sich bestimmt richtig gut.»
«Was fühlt sich gut?»
«Corriehill. Wie ein Denkmal. Zur Erinnerung an all die Abendeinladungen, Hochzeiten und Bälle, die es im Lauf seiner Geschichte miterlebt haben muß, die Kindstaufen und wohl auch die Beerdigungen. Aber hauptsächlich Gesellschaften.»

SEPTEMBER

Landsitz am Loch Monar

Traditioneller Tanz auf dem «Royal Caledonian Ball»

«Was hätten Sie gern zu trinken?»
«Haben Sie Whisky?»
«Natürlich. *Grouse* oder *Haig*?»
Er konnte sein Glück kaum fassen.
«Grouse?»
«Mit Eis?»
«Gern.» SEPTEMBER

«Ein hinreißender Tanz, was?»
Verblüfft wandte sich Noel um und sah einen Mann neben sich stehen. Vermutlich war er gleichfalls gekommen, um das Schauspiel in sich aufzunehmen.
«Kann man wohl sagen. Wie heißt er eigentlich?» fragte Noel.
«Das ist der Reel der 51. Hochland-Division.»
«Davon hab ich noch nie gehört.»
«Er ist während des Krieges in einem Kriegsgefangenenlager in Deutschland entstanden.»
«Sieht verdammt kompliziert aus.»
«Kein Kunststück. Die Jungs hatten ja auch fünfeinhalb Jahre Zeit, sich das Ding auszudenken.» SEPTEMBER

Folgende Doppelseite:
Brücke bei Kilchurn Castle am
Loch Awe (Argyllshire)

Gibson nahm die Straße nach Braemar über Tomintoul, fuhr nach Süden über die Berge und rollte etwa gegen elf Uhr in das goldene, sonnendurchflutete Tal hinab. Der Fluß führte Hochwasser, tief und klar wie braunes Glas wand er sich durch Felder, Ackerland und hohe schottische Kiefern.

ENDE EINES SOMMERS

Lochaber, Glen Garry (Highlands)

Landschaft bei Scadabay (Isle of Harris)

«Ich mag die Farben der Heidelandschaft, weil sie mich an den herrlichsten Tweed erinnern. Lauter braunrote und lila Töne, Lärchengrün und Torfbraun. Und ich mag auch die wundervollen Tweedstoffe, weil sie mich an die Heidelandschaft erinnern. Wie geschickt von den Menschen, die Natur so vollkommen nachzuahmen.»

SEPTEMBER

Blühende Heide bei Balmoral

*Vorhergehende Doppelseite:
Bergsteigerhütte im
Rannoch Moor (Highlands)*

*Queen's View bei Loch Tummel –
so genannt, weil Königin Victoria von hier
aus zum erstenmal auf den See blickte*

Sie öffnete die Fenstertür, ging ans untere Ende des Gartens, stellte sich an die Lücke in der Hecke und genoß den unvergleichlichen Ausblick. Im Süden lagen das Tal, der Fluß, die Hügel in der Ferne: die Sonne schien heute nicht, es war ein bedeckter Herbsttag, aber er war wunderschön. Alles um sie herum war schön. Niemals würde sie müde werden, das alles zu lieben. Niemals würde sie müde werden, das Leben zu lieben. SEPTEMBER

Folgende Doppelseite:
Urquhart Castle bei Loch Ness

Zitiert wurde aus den folgenden Werken von Rosamunde Pilcher:

Blumen im Regen
Erzählungen. Deutsch von Dorothee Asendorf
© 1992 by Rowohlt Verlag GmbH
(*Flowers in the Rain*, © 1991 by Rosamunde Pilcher)

Die Muschelsucher
Roman. Deutsch von Jürgen Abel
© 1990 by Rowohlt Verlag GmbH
(*The Shell Seekers*, © 1987 by Rosamunde Pilcher)

September
Roman. Deutsch von Alfred Hans
© 1991 by Rowohlt Verlag GmbH
(*September*, © 1990 by Robin Pilcher, Fiona Pilcher, Mark Pilcher und Philippa Imrie)

Wilder Thymian
Roman. Deutsch von Ingrid Altrichter
© 1993 by Rowohlt Verlag GmbH
(*Wild Mountain Thyme*, © 1978 by Rosamunde Pilcher)

Das blaue Zimmer
Erzählungen. Deutsch von Margarete Längsfeld und Ingrid Altrichter
© 1994 by Rowohlt Verlag GmbH
(*The Blue Bedroom*, © 1985 by Rosamunde Pilcher)

Ende eines Sommers
Roman. Deutsch von Claudia Preuschoft
© 1994 by Rowohlt Taschenbuch Verlag GmbH
(*The End of Summer*, © 1971 by Rosamunde Pilcher)

Lichterspiele
Roman. Deutsch von Margarete Längsfeld
© 1991 by Rowohlt Taschenbuch Verlag GmbH
(*Another View*, © 1968 by Rosamunde Pilcher)

Schlafender Tiger
Roman. Deutsch von Christine Boness
© 1993 by Rowohlt Taschenbuch Verlag GmbH
(*Sleeping Tiger*, © 1967 by Rosamunde Pilcher)

Schneesturm im Frühling
Roman. Deutsch von Christiane Buchner
© 1993 by Rowohlt Taschenbuch Verlag GmbH
(*Snow in April*, © 1972 by Rosamunde Pilcher)

Sommer am Meer
Roman. Deutsch von Margarete Längsfeld
© 1992 by Rowohlt Taschenbuch Verlag GmbH
(*The Empty House*, © 1973 by Rosamunde Pilcher)

Stürmische Begegnung
Roman. Deutsch von Jürgen Abel
© 1992 by Rowohlt Taschenbuch Verlag GmbH
(*The Day of the Storm*, © 1975 by Rosamunde Pilcher)

Die zweite Heimat
Erzählung. Deutsch von Ingrid Altrichter
Erstveröffentlicht in «Merian»
(*My Scottish Village*, © 1992 by Rosamunde Pilcher)

Wichtige Anregungen und Informationen erhielten wir aus den folgenden beiden Büchern:

Alison Symons: Tremedda Days. A View of Zennor, 1900–1944
(Padstow, Cornwall, 1992)

Marion Whybrow: St. Ives 1883–1993. Portrait of an Art Colony.
(Woodbridge, Suffolk, 1994)

Die Rezepte von Rosamunde Pilcher übersetzte Ulrike Erichsen.

Danksagungen

Wir danken Rosamunde Pilcher für ihre Hilfe und Unterstützung. Und wir möchten uns bei allen bedanken, die zum Gelingen dieses Buches beigetragen haben, insbesondere: Flora Berryman; Laura, Paul und Erwin Brunner; Stanley Cock; Laurette De Smet; Steve Martin; Graham Pilcher; Mark Pilcher; Gerard Reunes; Constance und Michael Smith; Alison und Henry Symons; Marion Whybrow.

Bildnachweis

S. 2 Marianne Majerus; S. 5 Karte: Ditta Ahmadi, Berlin; S. 5 o. Steve Martin, m. Dirk Reinartz / Visum, u. Mosler / Transglobe Agency; S. 6 Jörg Modrow / Visum; S. 8 Robert Harding Picture Library (RHPL); S. 9, 12, 15 Robert Lebeck / Stern; S. 16 Martin Bosboom / Focus Film Frankfurt; S. 19 Siv Bublitz; S. 20 Hugh Palmer / RHPL; S. 21 Karte: Ditta Ahmadi, Berlin; S. 21 u. Steve Martin; S. 22 Rosamunde Pilcher (3); S. 23 o. l. Rosamunde Pilcher, o. r. Alan J. Curtis u. Steve Martin; S. 24 o. Rosamunde Pilcher, m., u. The Hulton-Deutsch Collection; S. 25 The Hulton-Deutsch Collection (3); S. 26 Alison Symons (2); S. 27 o. Rosamunde Pilcher, u. Alison Symons; S. 28/29 RHPL; S. 30 Snowdon / Hoyer / Focus; S. 31 Steve Martin; S. 33 Transglobe Agency; S. 34 Christopher Simon Sykes / The Interior World (TIW), S. 35 o. Ian Baldwin/RHPL (2), u. l. RHPL, u. r. George Ong / RHPL; S. 36/37 S. McBride / Stylograph; S. 38 Schulenburg / TIW; S. 41 Marianne Majerus; S. 42/43 Marion Nickig; S. 44 Marianne Majerus (2); S. 45 o. Marianne Majerus, u. Stephen Robson / RHPL; S. 46, 47 Sheila Rock / PhotoSelection; S. 48/49 Robert Lebeck / Stern; S. 51 Giovanni Simeone; S. 52 Steve Martin, S. 54/55 Giovanni Simeone; S. 56 Collection of Penzance Museum & Art Gallery; S. 58 © Courtesy of David Messum Gallery, London; S. 59 o. l. Oldham Art Gallery, Lancs. / Foto: The Bridgeman Art Library, u. l. Foto: Siv Bublitz, u. r. Newlyn Orion Art Gallery, Penzance / Foto: Bob Berry; S. 60 l. Foto: Steve Martin, r. Taylor Gallery, London / Foto: The Bridgeman Art Library; für Samuel John Lamorna Birch: © Newlyn Orion Art Gallery, Penzance; S. 61 Foto und © Peter Ward; S. 62, 64, 65 Steve Martin; S. 66/67 Jörg Reuther / Agentur Anne Hamann; S. 68 RHPL; S. 70/71 Giovanni Simeone, S. 72, 73 Steve Martin; S. 74/75 Snowdon / Hoyer / Focus; S. 76, 77 Steve Martin; S. 79, 80, 81 RHPL; S. 82/83 Giovanni Simeone; S. 84 Urs Kluyver / Focus; S. 85 Karte: Ditta Ahmadi, Berlin, S. 85 Dirk Reinartz / Visum; S. 87 Jeremy Cockayne / Arcaid; S. 88 Abode (Stylograph; S. 91 Ian Baldwin / RHPL; S. 93 o., u. r. Patrick Ward / Network / Focus (3), u. l. David Levenson / Colorific / Focus; S. 94/95 Roger Cracknell / S. O. A.; S. 96 Schulenburg / TIW; S. 98 Transglobe Agency; S. 100 Marion Nickig; S. 101 Karte: Ditta Ah-

madi, Berlin, S. 101 Mosler / Transglobe Agency; S. 102 o., m. Rosamunde Pilcher, u. Robert Lebeck / Stern; S. 103 o. Rosamunde Pilcher, m. Siv Bublitz, u. Robert Lebeck / Stern; S. 104/105 Giovanni Simeone; S. 106 Dorothea Schmid / Bilderberg; S. 108/109 Snowdon / Hoyer / Focus; S. 111 Joachim Kopp / Transglobe Agency; S. 112 Rolf Nobel / Visum; S. 114 Brian Harrison / RHPL; S. 115 Schulenburg / TIW; S. 116 RHPL; S. 119 Trevor Richards / RHPL; S. 120 Schulenburg / TIW; S. 123 Schulenburg / TIW; S. 124 McBride / Stylograph; S. 125 Christopher Simon Sykes / TIW; S. 126 Robert Lebeck / Stern; S. 127 o. Robert Lebeck / Stern, u. Martin Bosboom / Focus Film Frankfurt; S. 128/129 Snowdon / Hoyer / Focus; S. 130, 131 Rolf Nobel / Visum; S. 133 Christopher Simon Sykes / TIW; S. 134/135 Yves Gellie / Odyssey / Focus (3), Buch: Grafische Werkstatt Christian Kreher; S. 136 o. Rosamunde Pilcher, u. Christopher Simon Sykes / TIW; S. 139 Schulenburg / TIW; S. 140 Ian Baldwin / RHPL; S. 142 Schulenburg / TIW; S. 144 David Levenson / Colorific / Focus; S. 145 Grafische Werkstatt Christian Kreher; S. 146/147 Giovanni Simeone; S. 149 Joachim Kopp / Transglobe Agency; S. 150 Karl-Heinz Raach / Look; S. 151 W. Krecichwost / Transglobe Agency; S. 152/153 Snowdon / Hoyer / Focus; S. 154 Wolfgang Kunz / Bilderberg; S. 156/157 Giovanni Simeone; S. 159 Andor Graser / Jahreszeitenverlag.